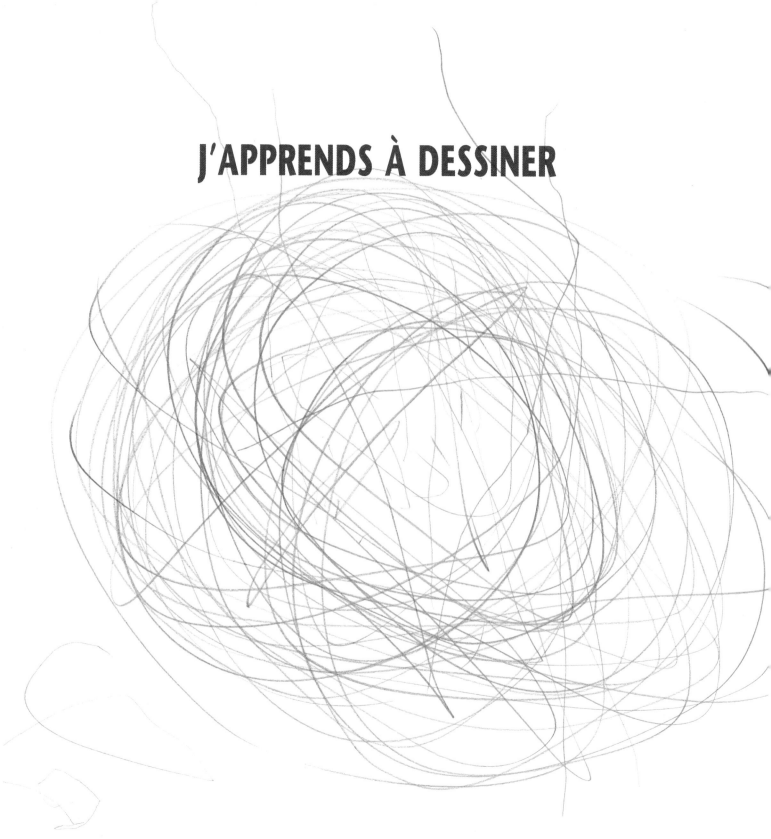

J'APPRENDS À DESSINER

PHILIPPE LEGENDRE

J'APPRENDS À DESSINER

les animaux de A à Z

EDITIONS FLEURUS

Éditions Fleurus, 15-27, rue Moussorgski, 75018 Paris

Sommaire

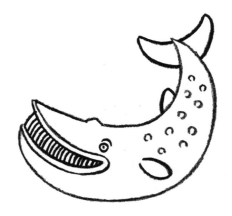

Du Naja à la Souris

Du Tigre au Zorille

À l'attention des parents et des enseignants

Tous les enfants savent dessiner un rond, un carré, un triangle…
Alors, ils peuvent aussi dessiner une baleine, un lion ou une vache !
Notre méthode est facile et amusante. Elle apporte à l'enfant une technique
et un vocabulaire des formes dont se sert tout dessinateur.

La construction du dessin se fait par l'association de formes géométriques
créant un ensemble de volumes/surfaces. Il suffit ensuite, par une ligne droite,
courbe ou brisée, de donner son caractère définitif à l'esquisse.

En quelques coups de crayon un motif apparaît,
un peu de couleur et voici réalisée une belle illustration.

Cette méthode propose un apprentissage de la technique
et une première approche de la composition, des proportions, du volume,
de la ligne. Sa simplicité en fait une méthode où le plaisir
de dessiner reste au premier plan.

PHILIPPE LEGENDRE

Peintre-graveur et illustrateur, Philippe Legendre anime
aussi un atelier de peinture pour les enfants de 6 à 14 ans.
Intervenant souvent en milieu scolaire, il a développé
cette méthode pour que tous les enfants puissent
accéder à l'art du dessin.

Quelques conseils

1· Chaque dessin est fait à partir
d'un petit nombre de formes géométriques
qui sont indiquées en haut de la page. C'est ce qu'on appelle
le vocabulaire de formes. ◯ ◯ ⟋ Il peut te servir
à t'exercer avant de commencer le dessin.

2· Fais l'esquisse du dessin au crayon et à main
levée. Attention, pas de règle ni de compas !

3· Les pointillés indiquent les traits
de construction qui doivent être gommés.

4· Une fois ton dessin terminé, colorie-le.
Si tu veux, repasse en noir le trait de crayon.

Et maintenant, à tes crayons !

De l'**A**beille

à la **F**ourmi

Elle vole…

de fleur en fleur…

pour faire du bon miel.

L'**A**beille

Gris ou blanc,

il est l'ami…

des enfants.

L'Âne

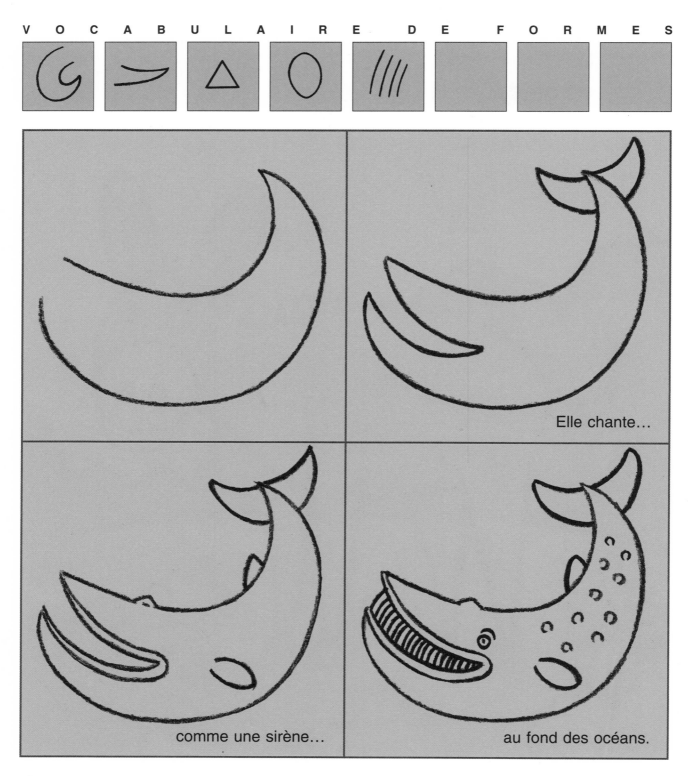

Elle chante…

comme une sirène…

au fond des océans.

La **B**aleine

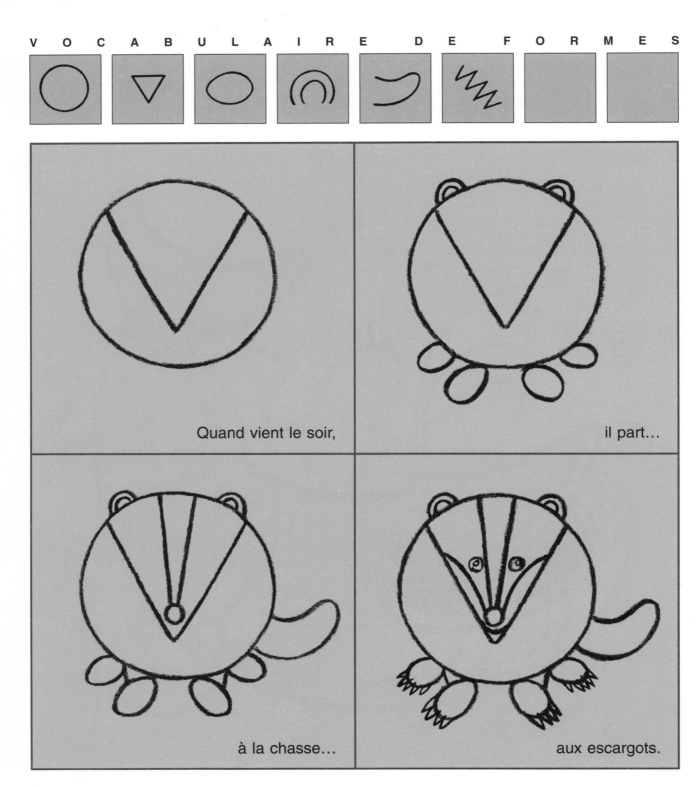

Quand vient le soir,

il part...

à la chasse...

aux escargots.

Le **B**laireau

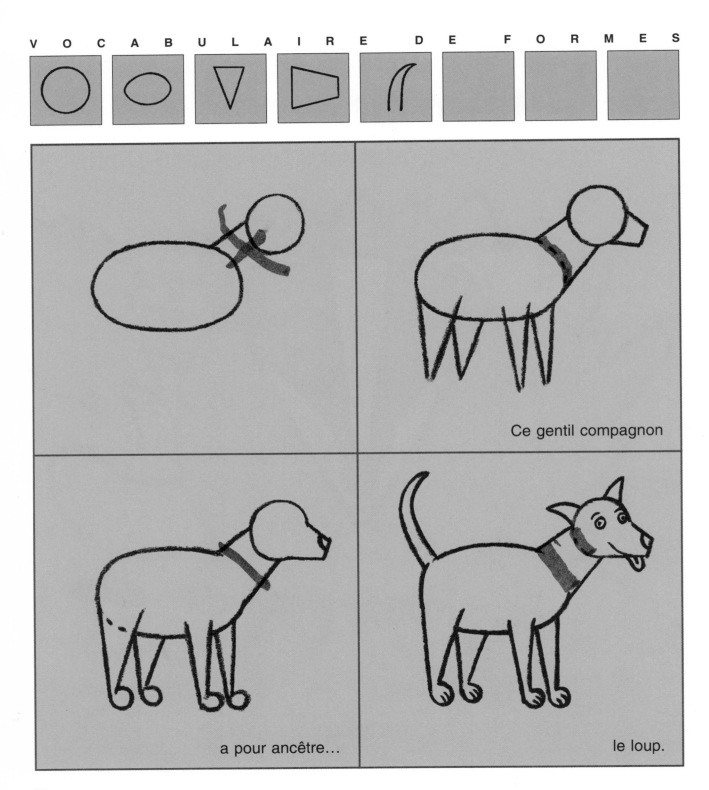

Ce gentil compagnon

a pour ancêtre…

le loup.

Le Chien

VOCABULAIRE DE FORMES

Tout rond,

tout rose,

quel gros gourmand !

Le **C**ochon

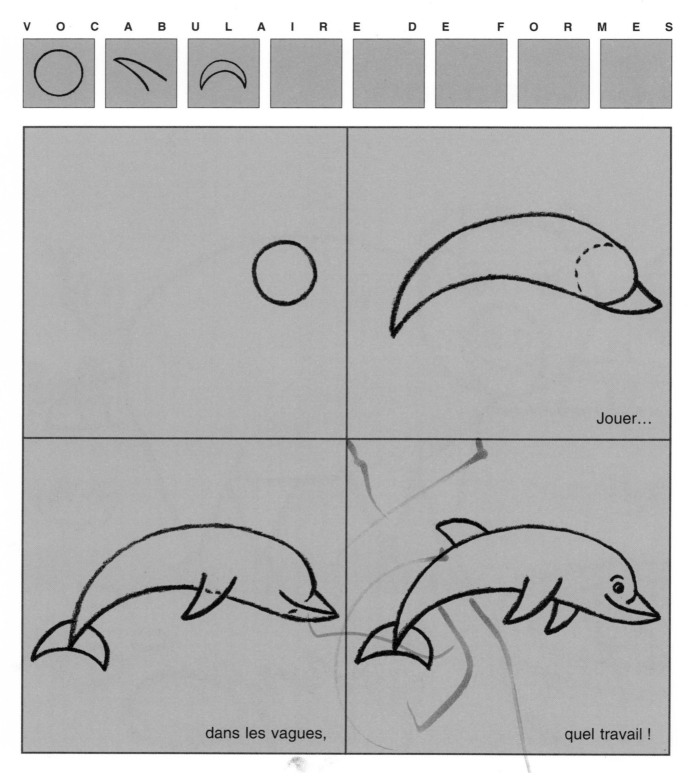

Jouer...

dans les vagues,

quel travail !

Le **D**auphin

Avec ma bosse,

je traverse...

le désert.

Le **D**romadaire

J'ai de grandes oreilles

et barris...

la trompe...

en l'air.

L'Éléphant

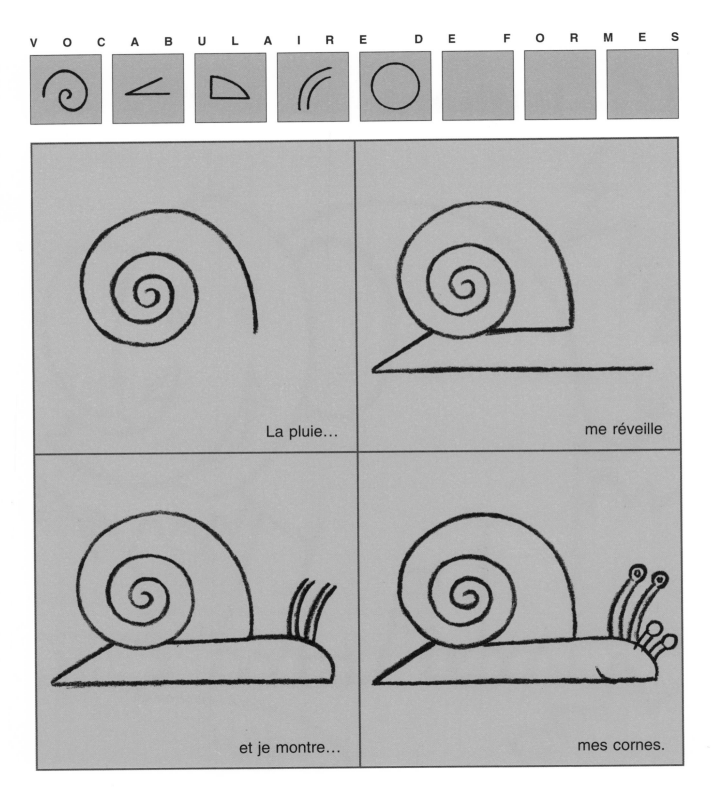

La pluie…

me réveille

et je montre…

mes cornes.

L'**E**scargot

C'est le renard...

des sables...

le plus rusé...

du désert.

Le **F**ennec

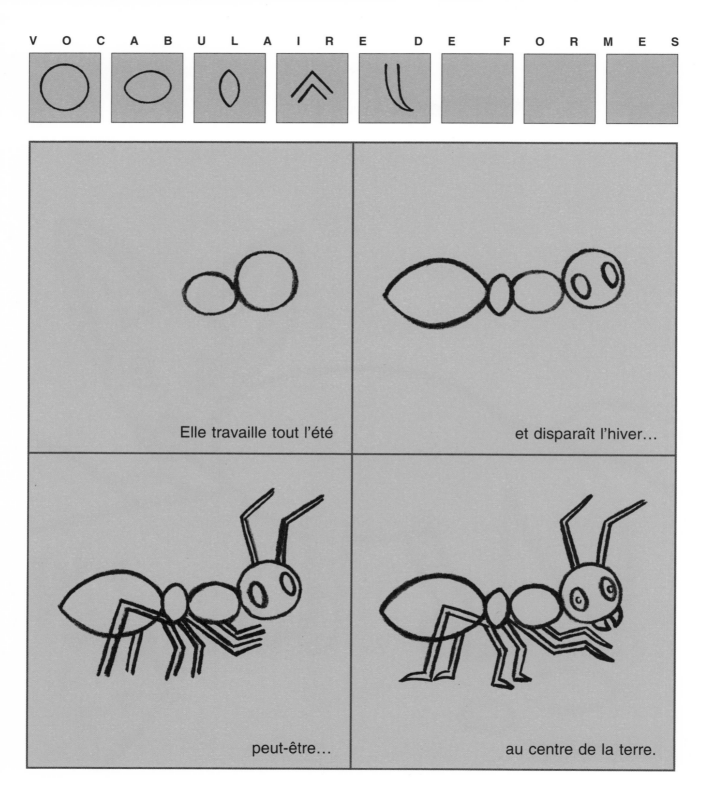

Elle travaille tout l'été

et disparaît l'hiver...

peut-être...

au centre de la terre.

La **F**ourmi

Voici les animaux qui aiment les fleurs, l'herbe verte et l'air pur de la campagne.

Dessine aussi ton paysage et tes animaux préférés.

De la **G**irafe

au **M**outon

La girafe au long cou…

broute les feuilles…

des arbres…

pour ne pas
se baisser.

La **G**irafe

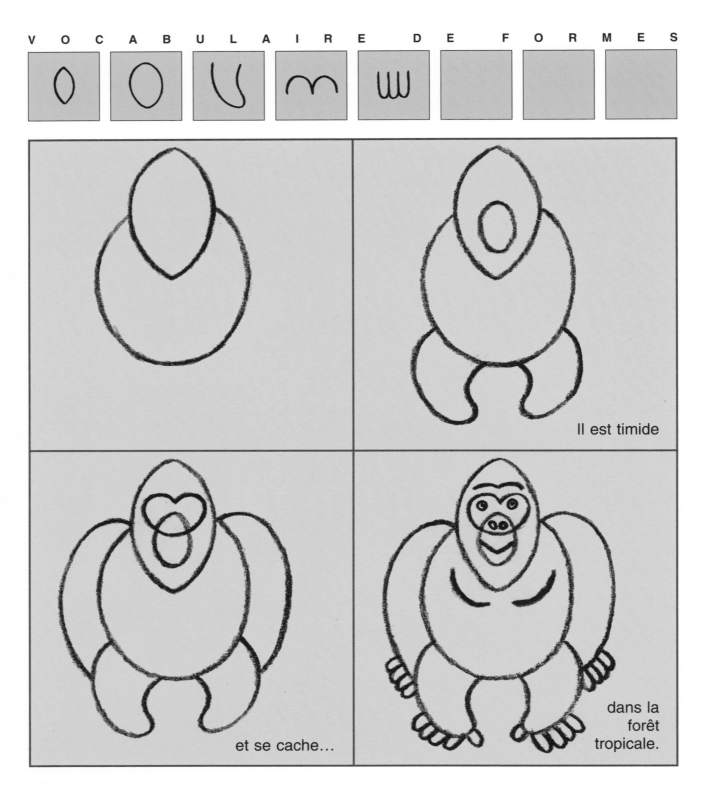

Il est timide

et se cache…

dans la forêt tropicale.

Le **G**orille

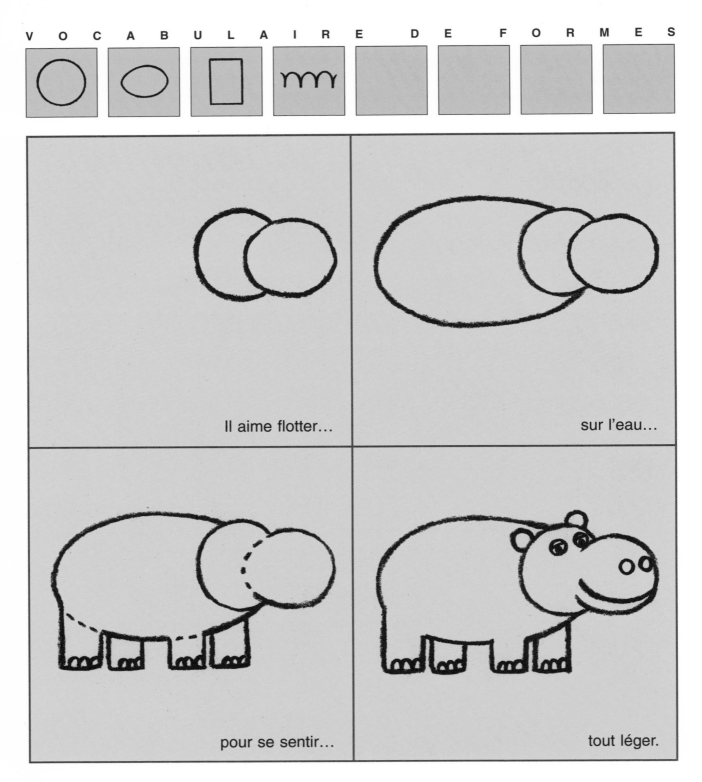

Il aime flotter…

sur l'eau…

pour se sentir…

tout léger.

L'**H**ippopotame

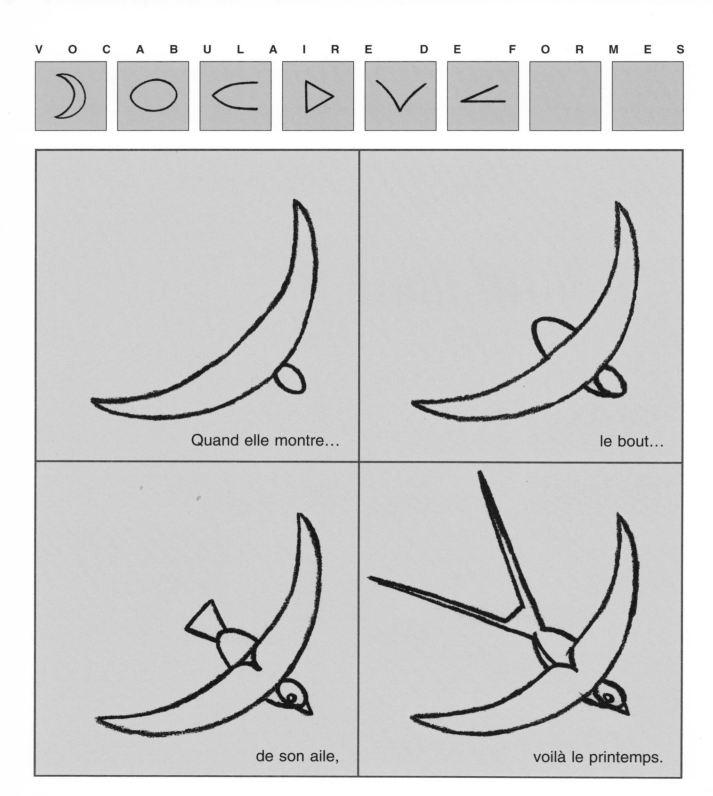

Quand elle montre…

le bout…

de son aile,

voilà le printemps.

L'**H**irondelle

Rouge…

comme un rubis…

au bord de l'eau,

il passe sa vie.

L’Ibis

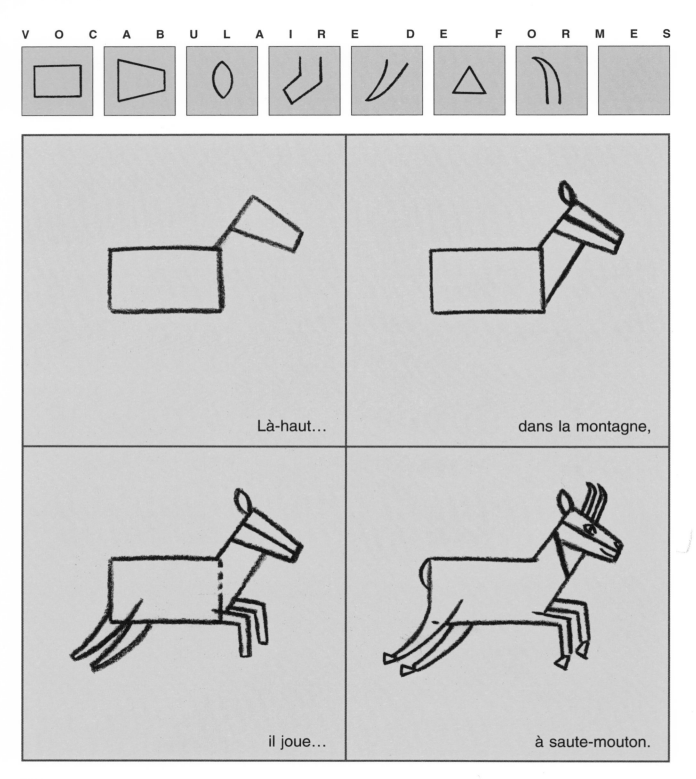

Là-haut…

dans la montagne,

il joue…

à saute-mouton.

L'Isard

Il grimpe…

aux arbres…

pour y faire la sieste.

54

Le **J**aguar

C'est un drôle d'oiseau…

dont les plumes…

sont des poils.

Le Kiwi

Il est bien accroché…

comme un sac à dos…

pour ne pas perdre…

sa maman.

Le **K**oala

C'est le roi…

des animaux.

Sa couronne est…

sa belle crinière.

Le Lion

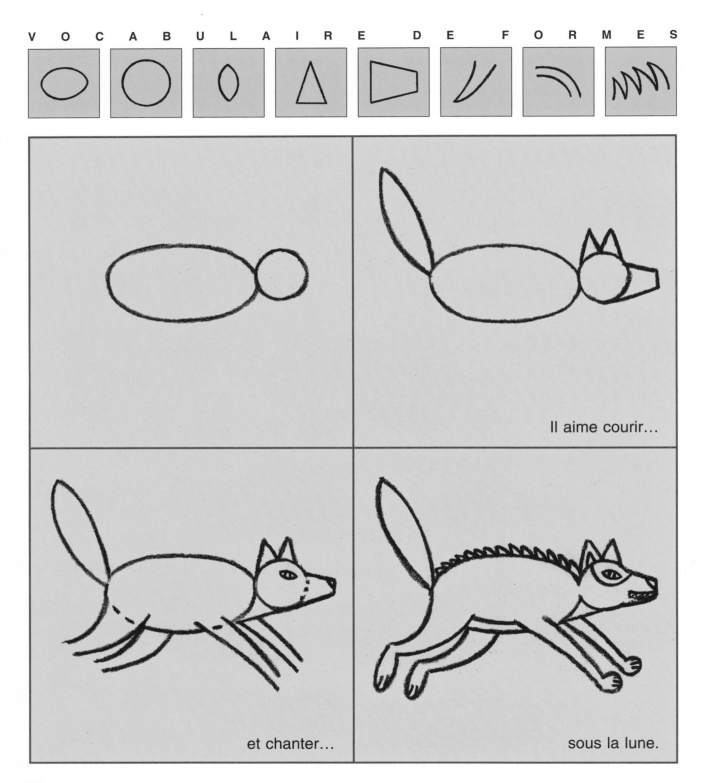

Il aime courir…

et chanter…

sous la lune.

Le Loup

Bleue ou charbonnière,

elle chante...

dans les jardins...

même en hiver.

La **M**ésange

C'est un gros nuage...

à quatre pattes...

posé sur le pré vert.

Le Mouton

Beaucoup d'animaux vivent dans les arbres.
Ils y trouvent leur nourriture ou y construisent leur maison.

Imagine ta forêt avec tous ces animaux.

Du **N**aja
à la **S**ouris

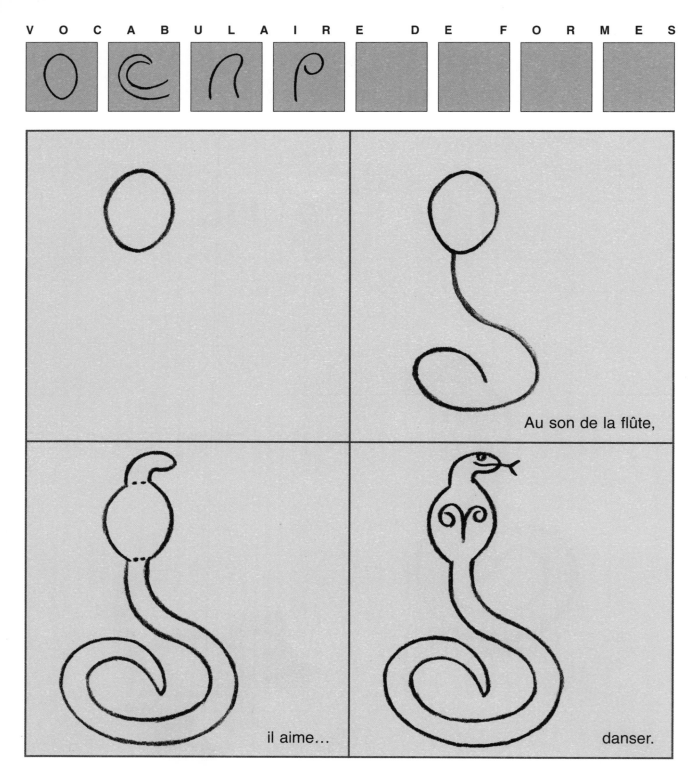

Au son de la flûte,

il aime…

danser.

Le **N**aja

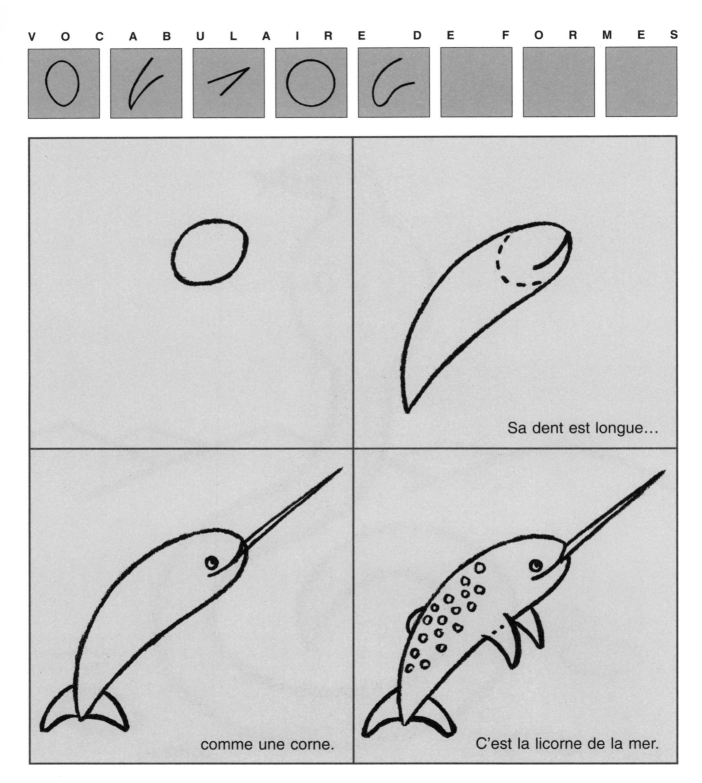

Sa dent est longue…

comme une corne.

C'est la licorne de la mer.

Le **N**arval

Elle aboie…

comme un chien

et nage…

comme un poisson.

L'**O**tarie

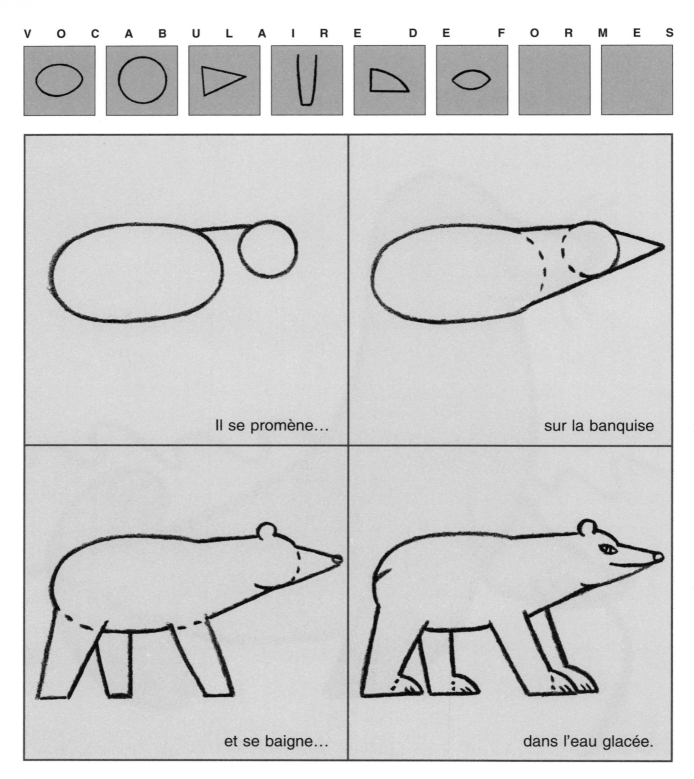

Il se promène…

sur la banquise

et se baigne…

dans l'eau glacée.

L'**O**urs blanc

C'est l'ours…

préféré…

des petits Chinois.

Le **P**anda

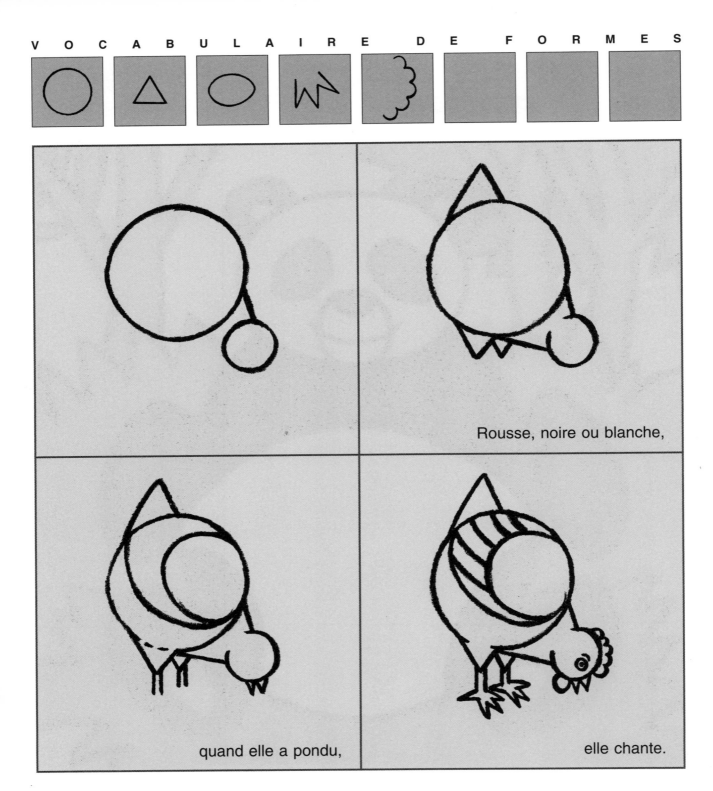

Rousse, noire ou blanche,

quand elle a pondu,

elle chante.

La **P**oule

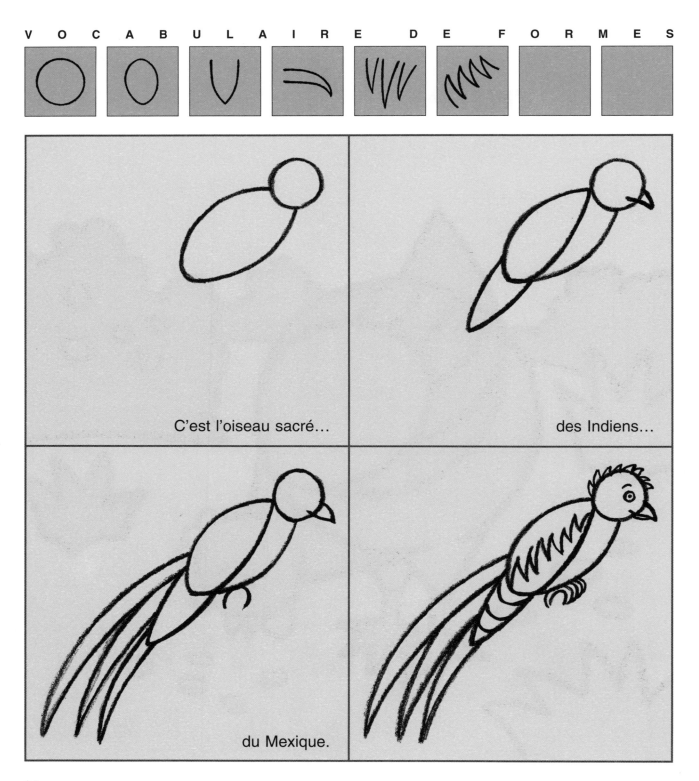

C'est l'oiseau sacré…

des Indiens…

du Mexique.

Le **Q**uetzal

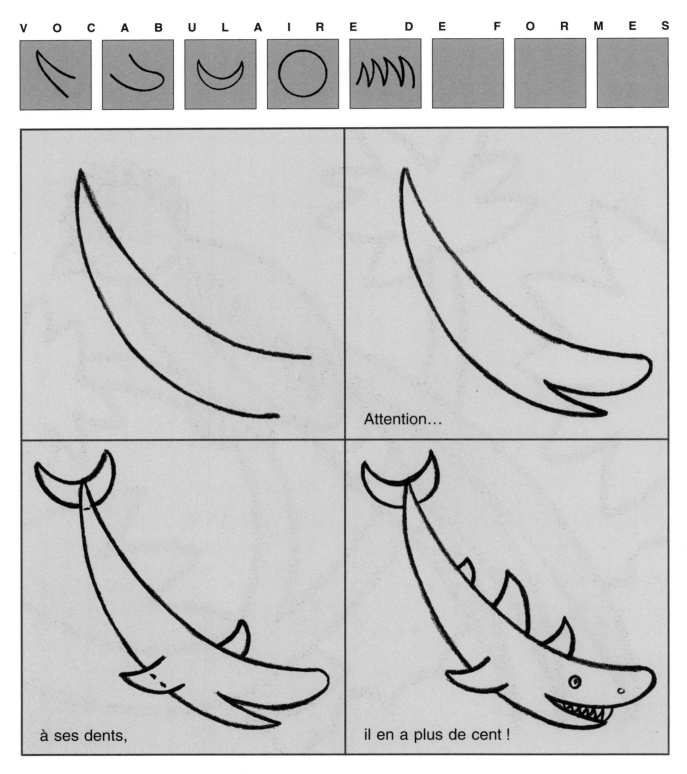

Attention…

à ses dents,

il en a plus de cent !

Le **R**equin

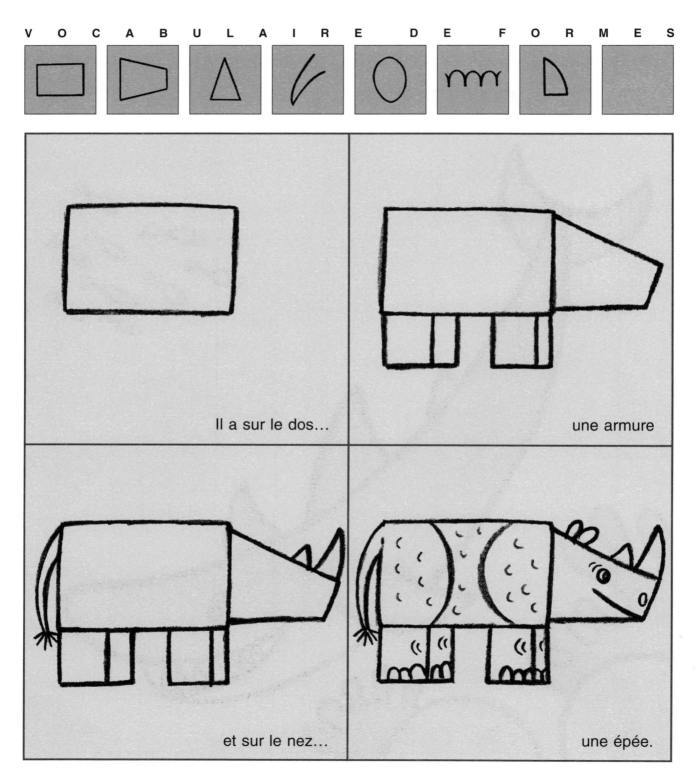

Il a sur le dos…

une armure

et sur le nez…

une épée.

Le Rhinocéros

Il saute…

de liane en liane

et se prend…

pour Tarzan.

Le **S**inge

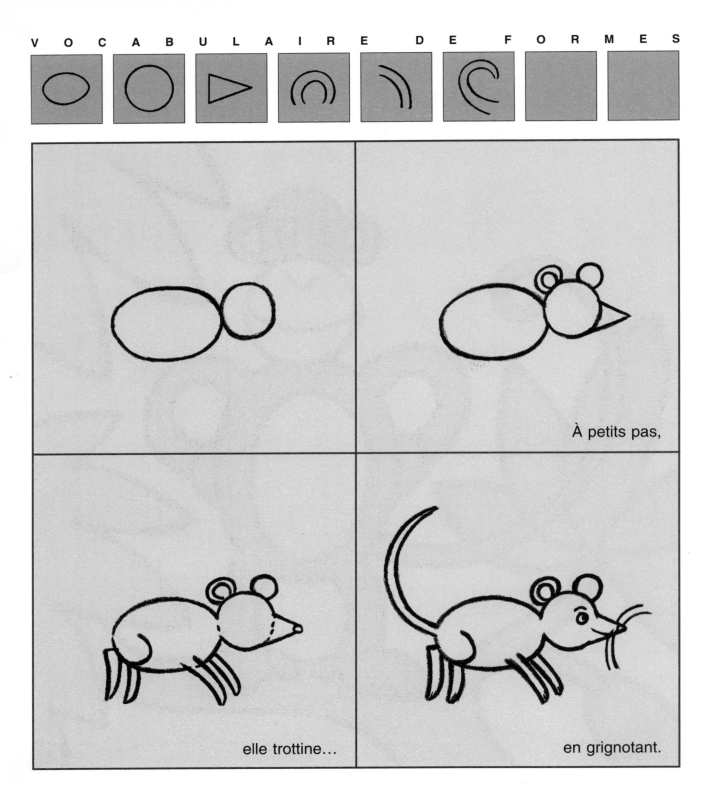

À petits pas,

elle trottine…

en grignotant.

La **S**ouris

Certains animaux vivent dans la mer ou au bord de l'eau,
d'autres préfèrent la montagne et la neige.

Tu peux dessiner ces animaux dans le milieu naturel où ils se sentent le mieux.

Du **T**igre
au **Z**orille

VOCABULAIRE DE FORMES

C'est un gros chat…

tigré…

jusqu'au
bout
du nez.

98

Le Tigre

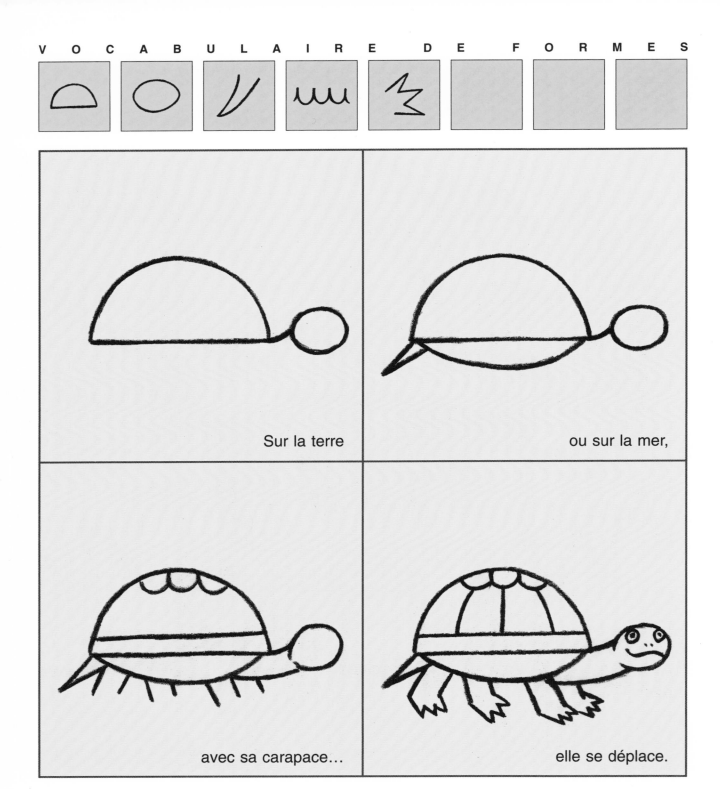

Sur la terre

ou sur la mer,

avec sa carapace…

elle se déplace.

La Tortue

Il papillonne…

léger…

comme le vent.

L'Uranie

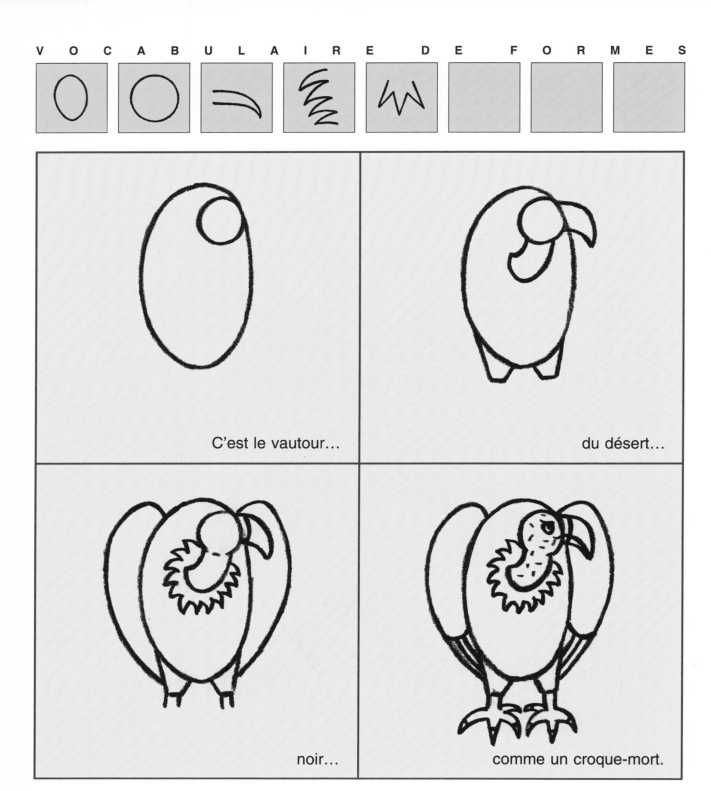

C'est le vautour…

du désert…

noir…

comme un croque-mort.

L'**U**rubu

Dans son pré,

elle rumine...

pour nous donner...

du bon lait.

La **V**ache

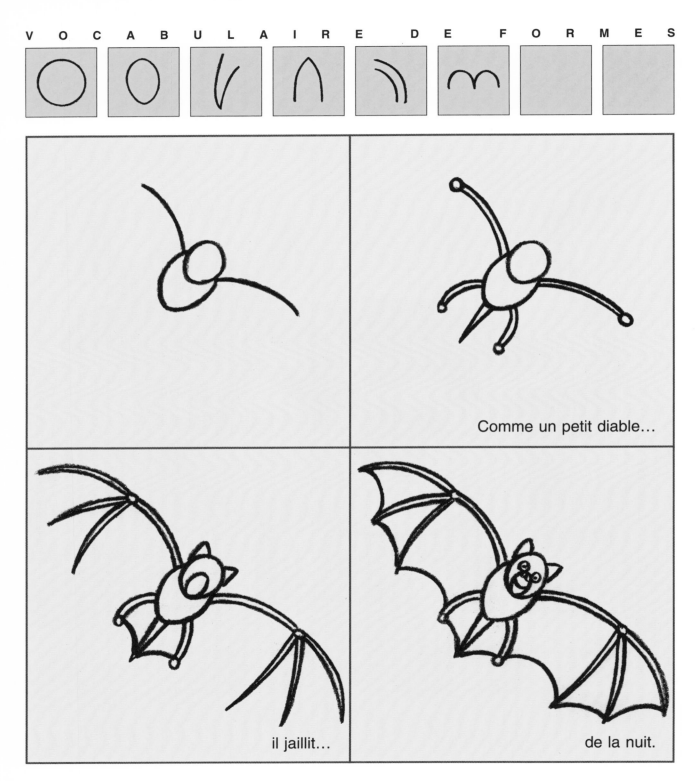

Comme un petit diable...

il jaillit...

de la nuit.

Le **V**ampire

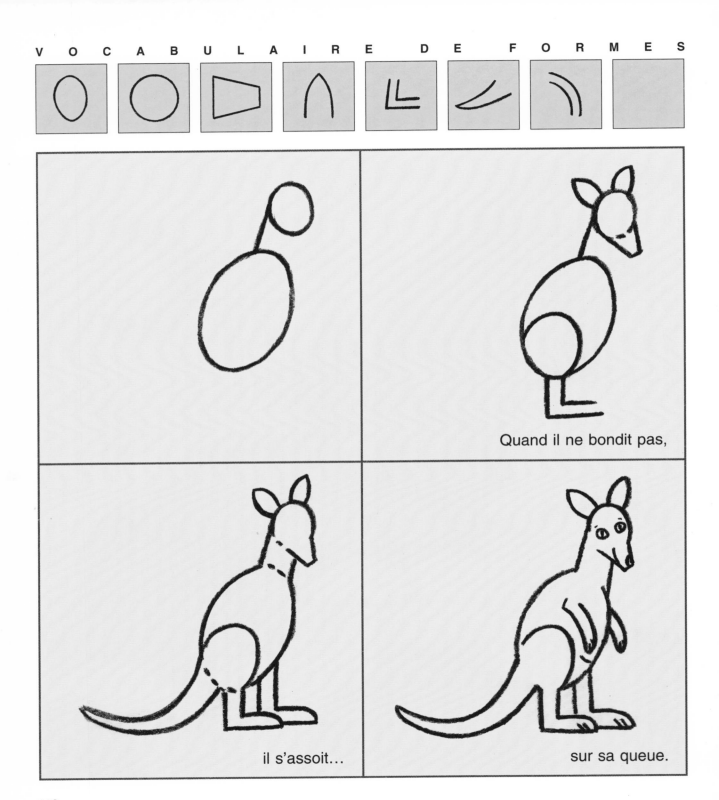

Quand il ne bondit pas,

il s'assoit…

sur sa queue.

Le **W**allaby

C'est un grand cerf…

qui vit…

au Canada.

Le **W**apiti

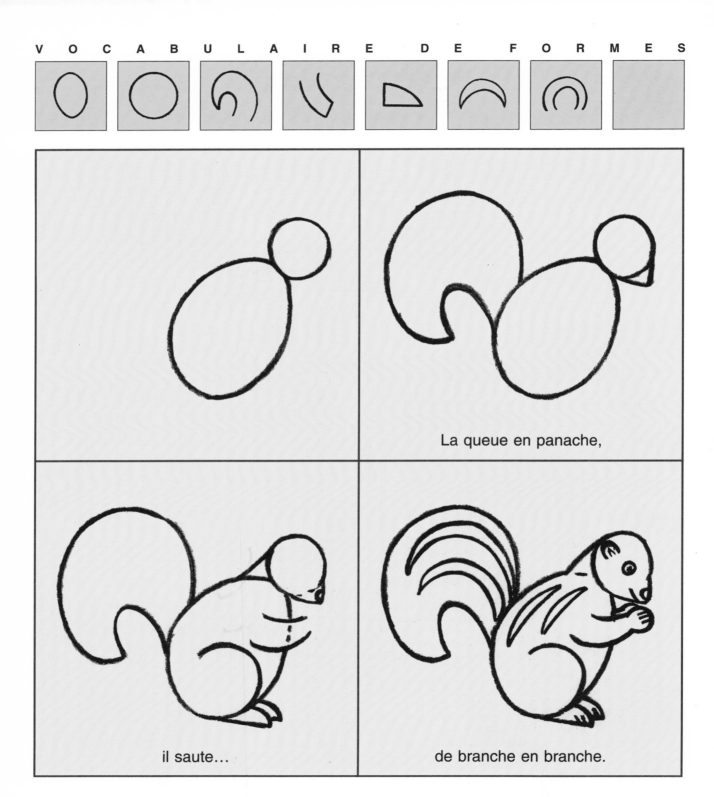

La queue en panache,

il saute…

de branche en branche.

Le **X**érus

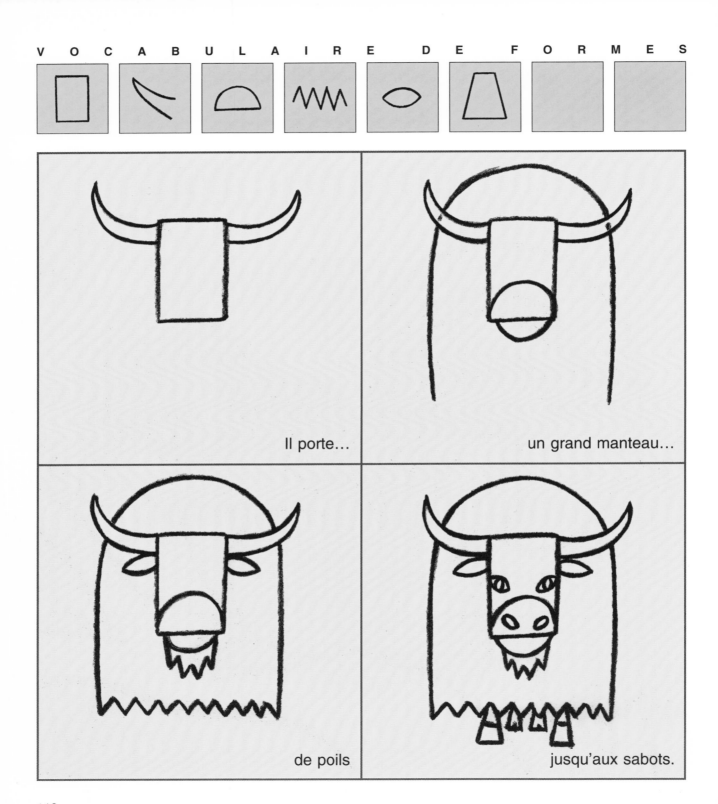

Il porte…

un grand manteau…

de poils

jusqu'aux sabots.

Le **Y**ack

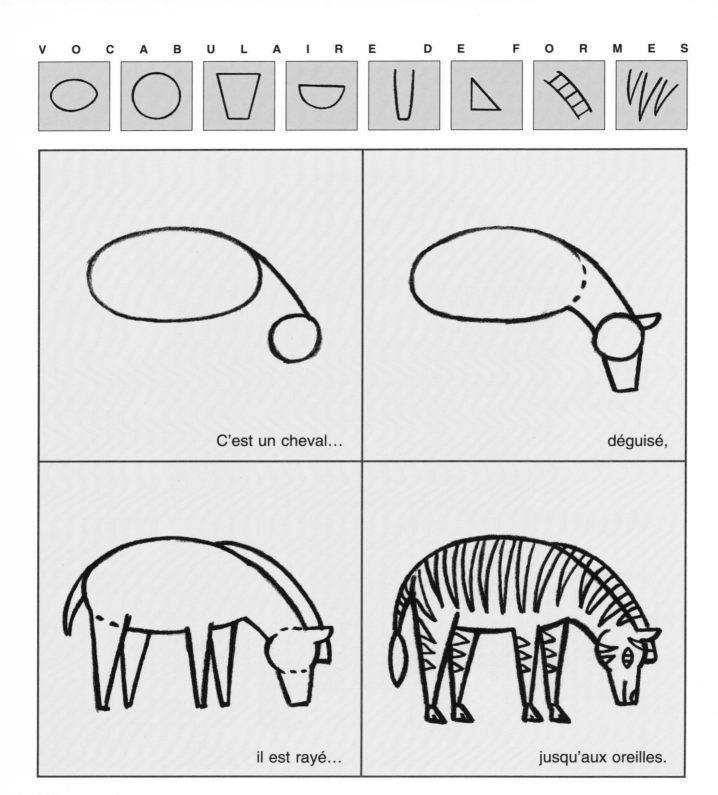

C'est un cheval…

déguisé,

il est rayé…

jusqu'aux oreilles.

Le **Z**èbre

Il a déjà son masque...

de Zorro

pour le carnaval !

120

Le **Z**orille

Un peu d'ombre et beaucoup de soleil, voilà ce qu'aiment les animaux des pays chauds.

Trouve-leur des compagnons et dessine-les dans la savane ou le désert.

Collection J'apprends à dessiner

Les animaux d'Afrique
Les animaux de la forêt
Les animaux de la maison
Les animaux de la ferme
La mer
La campagne
La montagne
Le bord de l'eau
Les dinosaures
Les animaux du monde
Les animaux du Grand Nord
Les oiseaux du monde
Les belles lettres
J'apprends à peindre les couleurs
J'apprends à peindre à la gouache
J'apprends à dessiner au feutre
Les contes
Le cirque
J'apprends à dessiner au compas
J'apprends à dessiner au crayon de couleur
La famille
L'école
J'apprends à décorer au tampon
J'apprends à découper
Les monstres
L'Égypte
Chevaliers et châteaux forts
Les Gaulois
Les sports
Les Animaux de A à Z (128 p.)
Les Pirates
La Préhistoire
Mes personnages préférés de A à Z (128 p.)
Les voitures et les motos
Les camions

Les compilations

La nature
Les animaux lointains
À peindre et à dessiner
Un monde magique

Loi n°49-956 du 16 juillet 1949 sur les publications destinées à la jeunesse.

Direction éditoriale : Christophe Savouré
Direction artistique : Danielle Capellazzi
Couverture: Clarisse Mourain
Édition : Bénédicte Bortoli
Conception graphique : Isabelle Bochot
Fabrication : Stéphanie Libérati et Julie Jaunasse

© Groupe Fleurus, Paris, mars 2000
Dépôt légal : juin 2002
ISBN 2-215-07048-X / ISSN 1257-9629
Gravure : Médiascan, Andorre
Imprimé par *Partenaires-Livres*® / cl, France
5ème édition, n° 92259